Coordination, conception et recherche
Christine Cossette

Textes
Marc Chevarie
Christine Cossette
Jean-Guy Dubuc
Michel Gourgues
Benoît Lacroix
Jean Proulx

Comité consultatif de la collection
Luce Dion
Jean-Guy Dubuc
Paul-André Giguère
Michel Gourgues
Benoît Lacroix
Louis Perron
Clément Vigneault

Évêque accompagnateur
Gilles Cazabon, o.m.i.

Révision biblique
Michel Gourgues

Illustrations
Geneviève Côté

Conception graphique et réalisation
diabolo-menthe

Révision linguistique
Marie-Claude Rioux

Photographies
p. 10 © Juan Silva / The Image Bank / Getty Images. •
p. 14 © Ryan McVay / Photodisc Green / Getty Images. •
p. 15 Joan Miró, *L'or de l'azur* © Ã Successió Miró/
SODRAC (Montréal), 2003; Archivo Iconografico, s.a./
Corbis / Magma. • **p. 19** © Siede Preis / Photodisc
Green / Getty Images. • **p. 22** © Photodisc Collection /
Photodisc Blue / Getty Images • **p. 33** © Mel
Curtis / Photodisc Green / Getty Images • **p. 38** Vincent
Van Gogh, *Promenade à Arles* ©Archivo iconografico,
s.a. / Corbis / Magma. • **p. 46** Pablo Picasso, *Mère et
enfant* © Ã Succession Pablo Picasso / SODRAC
(Montréal), 2003; Christie's Images / SuperStock. •
p. 52 © ThinkStock / SuperStock

Catalogage avant publication
de la Bibliothèque nationale du Canada

Vedette principale au titre :
Visages du bonheur [ensemble multi-support]

(Horizons)
Extrait de la série radiophonique Regards
de foi qui a été diffusée sur les ondes
de Radio Ville-Marie.
Doit être acc. d'un disque son.
Comprend des réf. bibliog.

ISBN 2-89499-026-X

1. Bonheur – Aspect religieux – Christianisme. 2. Bonheur
– Enseignement biblique. I. Cossette, Christine, 1961- .
II. Office de catéchèse du Québec. III. Collection :
Horizons (Saint-Laurent, Québec).

BV4647.J68V57 2003   248.4
C2003-940283-5

Dépôt légal : 3e trimestre 2003
Bibliothèque nationale du Québec

© Éditions FPR, 2003

Les Éditions FPR remercient de leur soutien financier
le ministère du Patrimoine canadien, le Conseil des Arts
du Canada et la Société de développement des entreprises
culturelles du Québec (SODEC).

Les Éditions FPR bénéficient du Programme de crédit
d'impôt pour l'édition de livre du Gouvernement
du Québec, géré par la SODEC.

Imprimé au Canada en août 2003

Nous remercions l'Ordre des Chevaliers
de Colomb pour son soutien au chantier
Passages.

Visages
du bonheur

HORIZONS se présente comme une belle audace : celle de vouloir parler de valeurs éternelles avec les mots d'aujourd'hui, des mots qui s'inscrivent dans une culture où s'expriment le cœur, l'esprit et l'imagination, où les inquiétudes, les interrogations et les doutes sont évoqués sur le ton de la confiance et de l'espérance, traduisant la science et le savoir en langage tout simple, accessible.

Nous avons de plus en plus de mal à nous trouver des maîtres : notre culture nous en offre des centaines qui nous sollicitent de séduisante façon. Par le large éventail qu'elle offre, elle parvient à rejoindre des auditoires jusqu'alors fermés aux précédents discours, soit parce qu'ils en étaient éloignés, soit parce que les modes de transmission traditionnels qui avaient instruit des générations de gens favorisés leur demeuraient inaccessibles. La culture actuelle s'ouvre à tous : elle parle autant à l'ouvrier qu'au savant, à l'enfant qu'au vieillard, au croyant qu'à l'agnostique.

C'est dans cet esprit d'ouverture que la collection HORIZONS souhaite s'adresser à son auditoire, d'où la mosaïque de chaque document, avec ses approches multiples, son écoute du théologien, du penseur, de l'exégète, du témoin, de l'artiste, à la manière d'un tableau aux mille couleurs, qui attire les uns par son éclat, les autres par sa complémentarité, qui crie des choses aux uns, en chuchote aux autres ; un tableau en perpétuel devenir, appelant toujours d'autres formes et d'autres teintes.

HORIZONS parle d'itinéraire intime, scrute les Écritures, regarde le monde et incite à aller au fond de soi, tantôt à l'écoute du cœur, tantôt à l'écoute de la raison. Non seulement à la manière de la culture de masse, mais aussi à la manière de Dieu s'adressant à nous par son Esprit qui souffle où il veut, comme il veut, quand il veut. Un peu comme s'Il aimait choisir ses rubriques et les varier à son plaisir !

C'est aussi cette façon qu'ont choisie les gens d'aujourd'hui pour **apprendre la vie**, la leur, celle des autres, celle de Dieu. C'est notre façon de porter notre regard sur d'autres horizons.

Une vie de bonheur,
n'est-ce pas la chose que tout le monde veut
et que personne au monde ne refuse ?
Mais où l'a-t-on connue pour la vouloir tant ?
Où l'a-t-on vue pour en être si épris ?

Saint Augustin

Le désir
de toute une vie

> «Un jour,
> le bonheur est passé chez nous.
> Mais on ne l'a pas vu
> parce qu'on était sortis...»

Vous vous souvenez de cette boutade? C'est Yvon Deschamps qui utilisait ces mots, il y a plusieurs années, dans un surprenant monologue sur le bonheur. Son personnage, aussi triste que drôle, n'était jamais parvenu à trouver ce qu'il cherchait pourtant si candidement. Sa recherche du bonheur nous touchait parce qu'elle ressemblait à la nôtre. Avouons-le: ce qui nous importe réellement, pour nous comme pour les autres, et particulièrement pour ceux qui nous sont proches, c'est de rencontrer le bonheur, le mystérieux bonheur.

Nous le poursuivons si ardemment! Mais où le chercher, où le trouver? En soi? Autour de soi? Dans les bonnes choses de la vie? Dans ce que nous avons développé en nous ou dans les autres? Ailleurs, dans mille autres ailleurs? Les pistes sont nombreuses, de même que les impasses. Nous ne tenterons pas de les énumérer ici puisqu'il y a autant de façons d'être heureux qu'il y a de personnes. Ce qui compte, au fond, c'est que les chemins empruntés pour atteindre le bonheur respectent les personnes qui les parcourent.

Nous ne donnerons pas ici de recettes ou de mode d'emploi sur les différentes façons d'être heureux. Nous offrirons plutôt une **réflexion** à diverses facettes, des propositions à cueillir au fil des textes. Nous nous mettrons à l'écoute de témoins, de gens qui, ayant trouvé à leur manière une part de ce bonheur tant

recherché, peuvent baliser notre chemin de leur expérience de vie: tour à tour, un témoin de la «vie retrouvée», un poète, un sage auront la parole. Nous chercherons par la suite à mieux comprendre ce que Jésus a voulu nous dire du bonheur puisque qui, mieux que lui, en a fait une expérience aussi intime, aussi intense et passionnée: il a vécu, il est mort et a revécu uniquement pour l'incarner dans notre vie, éternellement.

Parcourons sans plus tarder cette mosaïque chatoyante, ce tableau aux mille couleurs. Ouvrons-nous à la richesse de ces **horizons de bonheur**. Recevons l'écho de ces paroles de vérité et laissons-nous nous en imprégner. Que ces mots nous inspirent dans notre propre poursuite du bonheur.

La grâce originelle qu'est la joie de vivre

Jean Proulx, philosophe

Il y a plus d'un an, une perforation de l'œsophage m'a amené au seuil de la mort. Depuis le moment où j'ai vomi le sang, et tout au long de mon séjour à l'hôpital à la suite d'une opération majeure, j'ai vécu en mon corps et en mon âme **une grande loi de la Vie**: «mourir pour renaître», loi sublimée dans la Pâque du Christ. Je suis descendu dans les abîmes de l'angoisse et j'ai connu le sentiment d'abandon, de solitude et de dépendance, malgré la compassion de ceux qui m'entouraient. J'ai prié le Dieu de ma foi, cet Esprit divin répandu dans le cosmos sous forme d'énergie créatrice, intelligente et liante, espérant qu'Il ait des oreilles pour entendre ma supplique. J'ai eu peur de la mort et, en même temps, j'étais fasciné par son ombre mystérieuse. Je crois même l'avoir quelque peu apprivoisée. Mais ce dont je veux surtout vous parler, c'est de la Vie qui m'a été redonnée, avec sa fidèle compagne: la joie.

Au cours de mon cheminement vers la guérison, j'ai fait l'expérience de la grâce originelle. La **grâce originelle**? Sa source, c'est Dieu; son contenu, c'est la Vie; sa forme, c'est le don; son effet, c'est la joie; son accomplissement, c'est l'Action de grâce. La Vie m'a été redonnée en toute gratuité : elle m'a aimé, elle m'a accordé sa bénédiction. Pour une seconde fois, j'ai été offert en cadeau à moi-même pour continuer à participer du mieux que je pouvais, ici et maintenant, à la force, à la sagesse et à l'amour en lesquels réside son essence même.

Je suis toujours étonné d'être de ce monde. Je dis alors : «Merci, la Vie !» Chaque jour, je la remercie de me permettre de prendre part à sa grande célébration cosmique. Et j'éprouve la joie de contribuer à la **gratitude** universelle, qui s'exprime au travers de tout être, même dénué de voix ou de parole. Ne rend-on point hommage à la Vie du seul fait qu'on existe ? Je le sais encore mieux en mon cœur et en mon corps maintenant ; mon action de grâce est joie, joie d'exister. Elle achève ce qui m'est arrivé dans la maladie, elle accomplit en moi l'événement appelé «mourir pour renaître».

La vie m'a été redonnée pour continuer à accueillir ce que je considère être ma propre grâce originelle, avec la joie de vivre cachée en elle comme en un précieux coffret. Cette **grâce originelle** a plusieurs noms : l'intimité amoureuse avec ma compagne, l'amour de ma fille et la convivialité avec mes meilleurs amis, puis la parole et l'écriture offertes à de petits réseaux de personnes intéressées par les grandes questions de la philosophie et de la théologie.

Accueillir la grâce originelle, c'est accueillir également toutes ces bénédictions de la Vie : contempler un ciel étoilé, être témoin d'un simple geste de bonté, être touché par un visage humain, manger et boire avec ceux que l'on aime, être charmé par une fleur, lire un livre, marcher en forêt ou écouter une sonate pour piano de Schubert. Et j'ajoute : essayer d'être, à ma manière, un **artiste de la Vie**, tenter de mettre en œuvre la créativité, la sagesse et l'amour qu'exige chaque instant ; cela aussi est un don gratuit à recevoir et à offrir à tous ceux que j'aime. En tout cela, je trouve aujourd'hui cet état de bien-être qui colore la trame de mon existence et la joie de vivre qui imprègne ma durée. N'est-ce point là ce qu'on appelle le Bonheur ?

Le bonheur, c'est de le chercher.

Jules Renard

La vie nous procure tous les jours
des minutes de bonheur.

Félix Leclerc

Qu'est-ce que le bonheur ?

Dominicain, Michel Gourgues est professeur d'exégèse du Nouveau Testament à la faculté de théologie du collège dominicain d'Ottawa. Il est président de l'Association catholique des études bibliques au Canada (ACÉBAC), membre de l'Académie internationale des sciences religieuses et du Conseil scientifique de l'École biblique de Jérusalem. Il a accordé cette entrevue dans le cadre de l'émission REGARDS DE FOI, sur les ondes de Radio Ville-Marie.

Christine Cossette: Qu'est-ce qu'on entend quand on souhaite aux gens le bonheur pour l'année qui vient?

Michel Gourgues: Souhaiter le bonheur à quelqu'un revient à lui souhaiter beaucoup de choses en même temps. De fait, si on y réfléchit plus profondément, le bonheur apparaît comme une toile de fond qui traverse toute la vie ou, pour reprendre les termes que les anciens et les médiévaux employaient, comme un état qui résulte de plusieurs facteurs. Si j'ai une bonne santé, si j'ai un travail qui est conforme à mes goûts, où j'ai l'impression de m'accomplir, si je vis une qualité de relations aux autres, si je suis capable d'aimer et d'être

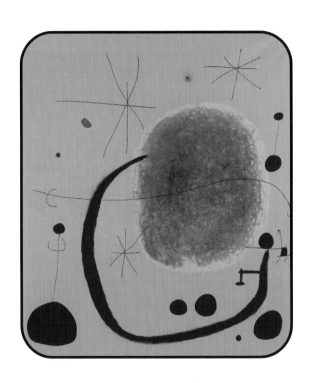

aimé, si je me sens respecté, accepté, si je vis dans un contexte où je sens que j'ai une sécurité d'existence, je suis heureux.

Devrait-on faire une différence entre le Bonheur avec un grand B et les petits bonheurs qui s'offrent à nous?

Oui; lorsqu'on dit: «La vie est faite de plein de petits bonheurs», c'est sans doute juste, quoique là, on est passé à un autre niveau. On peut parler de l'un ou l'autre des éléments qui contribuent au bonheur, ce que l'on pourrait appeler des bonheurs passagers, éphémères. Ceux-ci ne constituent pas, cependant, la ligne de fond de notre vie; ils en seraient plutôt les pointillés. Mais les plaisirs que la vie nous apporte font aussi partie intégrante du bonheur.

Qu'est-ce qui distingue les plaisirs et le bonheur?

Le plaisir est attaché à une expérience particulière. C'est la ligne pointillée qui se différencie de la ligne continue que représente le bonheur. Telle expérience donnée me procure du plaisir: j'ai du plaisir à partager un repas, j'ai du plaisir à me détendre, à faire du sport. Le plaisir s'inscrit dans une expérience humaine qui engage le corporel. La source du plaisir est ainsi liée au sensible, à ce que l'on peut voir, toucher. Le plaisir n'est pas méprisable pour autant, mais ce n'est pas le bonheur; il s'intègre au bonheur.

Si je comprends bien, le bonheur serait plus que l'accumulation des plaisirs que l'on se donne?

Certainement! Une personne peut être profondément malheureuse en accumulant les plaisirs. Et c'est précisément là que réside le problème; parce qu'elle n'est pas heureuse, il est tentant pour elle de rechercher sans cesse des plaisirs (drogue, alcool, relations humaines passagères) qui viendront apaiser son mal-être. Après, la personne se retrouve plus malheureuse parce que ces plaisirs sont éphémères et factices.

Vous semblez aller à l'encontre d'Antoine Vergote qui disait que «c'est même le signe de l'état de bonheur que de pouvoir accueillir des plaisirs».

Bien au contraire. Je crois que quelqu'un qui est heureux accueille le plaisir et sait l'accueillir, autrement, ce serait nier une partie de ce que nous sommes. Ce que je dis, c'est que le bonheur représente davantage que des petits plaisirs juxtaposés. Même s'ils ne sont pas pour autant méprisables, ces plaisirs ne peuvent pas dessiner cette ligne de fond qui traverse la vie, qui donne un sens à une existence, même si je les accueille avec reconnaissance lorsqu'ils se présentent.

Peut-on dire que le bonheur s'obtient par la satisfaction de ses besoins ou de ses désirs ?

Je crois qu'on peut dire cela dans la mesure où l'on envisage le plaisir non pas au sens restreint du terme, uniquement lié au sensible. Il y aurait aussi la joie à considérer. Le plaisir, comme la joie, sont des sentiments que j'éprouve lorsque je vis telle expérience. Le plaisir, ce qui me le procure, est une expérience d'ordre sensible, tandis que la joie ne peut être éprouvée que par un être humain. Le bonheur qui ne comporterait jamais de plaisir ni de joie serait un bonheur désincarné. Le bonheur n'est rien d'autre que l'accomplissement des désirs, la satisfaction, l'assouvissement, l'accomplissement des aspirations les plus profondes qui sont en moi et que parfois je suis même incapable d'identifier, mais je sens que si je vis ainsi, je parviens à être heureux. Un long moment de réflexion est nécessaire pour cerner les facteurs qui contribuent à me rendre heureux. Nous vivons le bonheur sans toujours en être pleinement conscients.

Est-ce que vous pensez que le véritable but de la vie est d'être heureux ?

J'en suis persuadé. Vous comprenez cependant qu'il y a bien d'autres personnes qui ont pensé cela avant moi ! Déjà, dans l'Antiquité, Socrate, Platon, Aristote et Épicure se demandaient si l'être humain était fait pour le bonheur. La réponse est à ce point évidente que la question mérite à peine d'être posée. En effet, où se trouve l'être humain qui n'aspire pas à être heureux ? On ne peut que chercher son bonheur, vouloir parvenir à l'épanouissement de son être et de toutes les potentialités que l'on porte. Tout cela est fait pour être développé. Je crois que l'on peut s'entendre pour dire que la recherche du bonheur est la chose la mieux partagée au monde.

Dans la perspective chrétienne, n'est-ce pas égoïste d'avoir comme but le bonheur ?

Je pense que l'Évangile encourage cette poursuite du bonheur. Le salut n'est rien d'autre que le bonheur offert par Dieu. Ce n'est pas un bonheur que je peux me procurer entièrement par moi-même, c'est un bonheur qui m'est offert. La signification du salut est peut-être difficile à saisir de prime abord, mais si on emploie le mot bonheur, on saisit mieux. Dieu souhaite le bonheur de l'être humain; le salut n'est que le rétablissement de son image qui se retrouve en tout être humain. Rétablir l'image de Dieu, qu'est-ce donc sinon lui redonner sa plénitude et sa pleine stature ?

Un jour, quelqu'un a dit: «Le bonheur n'est pas chose aisée; il est très difficile de le trouver en nous et impossible de le trouver ailleurs.» Est-ce que quelqu'un d'autre que moi peut m'apporter le bonheur ou est-ce que je ne peux le trouver qu'en moi ?

Le bonheur réside en soi mais les autres contribuent à l'attiser; autrement, je serais une monade isolée alors qu'une part essentielle de ma vie est d'être un être de relations. Nous parlions tout à l'heure de l'Évangile, souvenons-nous des paroles de Jésus à la question: «Quel est le plus grand commandement ?» «Aime Dieu, aime ton prochain» fut sa réponse. Le bonheur est dans son essence une ouverture, comme le démontre les Béatitudes. Un des principaux facteurs du bonheur se situe dans l'ordre de la relation, de l'ouverture aux autres. L'Évangile pousse cette insistance jusqu'à l'extrême, jusqu'à apparaître à l'encontre du bonheur. Jésus en était conscient lorsqu'il disait: «Il faut consentir à perdre sa vie pour la gagner», puisque l'ouverture aux autres et à Dieu

est une chose exigeante. L'être humain a parfois l'impression de renoncer à ce qui le rendrait heureux dans l'immédiat, au bénéfice d'une relation à long terme dont il ne voit pas l'aboutissement; c'est le risque que prennent les gens qui s'ouvrent à la foi.

Que pensez-vous de la citation qui dit que le bonheur ne peut se trouver qu'en soi ?

Le bonheur passe par la conscience et la liberté qui sont la spécificité de l'être humain. Je dois moi-même fabriquer mon bonheur; je le fabrique à travers l'orientation fondamentale que je donne à ma vie. Les choix que je fais, il y a seulement moi qui peux les faire. En ce sens, on fabrique son bonheur à partir de ses options, de sa liberté.

Et si on tentait de définir le bonheur ? Y aurait-il une seule réponse ?

Je ne pense pas qu'il y ait de réponse unique. La définition médiévale, inspirée de l'Antiquité, me satisfait assez. Nous pouvons dire que le bonheur se réalise lorsque les aspirations les plus profondes de l'être humain sont comblées. Cela n'est pourtant pas suffisant pour définir le bonheur. Par ailleurs, le bonheur n'est pas un sentiment comme la joie ou la tristesse. Les médiévaux, Boèce par exemple, voyaient dans le bonheur une condition d'existence, un état, un *status* qui résulte de la confluence d'un certain nombre de biens, de valeurs qui contribuent à me rendre heureux.

Parlons du lien qu'on peut faire entre foi et bonheur. Est-ce que vous pensez que la foi chrétienne peut rendre heureux ?

Oui, je le pense. C'est le cœur du message évangélique. J'évoquais plus tôt le texte que l'on retrouve à la fois chez Matthieu, Marc et Luc. Ce texte relate le moment où un homme vient demander à Jésus: «Qu'est-ce qui compte le plus dans la vie?» Jésus lui répond: «Il y a deux choses, l'amour de Dieu et l'amour du prochain comme soi-même», ce qui signifie donc s'aimer soi-même, aimer les autres, s'ouvrir à Dieu. L'Évangile propose des chemins de bonheur et accorde la priorité à une qualité de relation, à une ouverture. D'autre part, ce que les chrétiens de la première génération ont retenu de ce que le Seigneur avait dit la première fois qu'il a ouvert la bouche pour prononcer un discours un peu élaboré, c'est : « Heureux… heureux… heureux… » : neuf fois dans l'évangile de Matthieu et quatre fois dans celui de Luc. C'est en quelque sorte la porte d'entrée de l'Évangile. Ça c'est frappant. Dieu n'est pas venu embarrasser les humains, leur mettre sur les épaules un fardeau qu'ils ne peuvent pas porter. Il est venu leur proposer des voies de bonheur, comme en témoigne le texte des béatitudes.

En tant que dominicain, père Michel Gourgues, pouvez-vous nous dire ce qui aujourd'hui fait le bonheur d'un fils de saint Dominique ?

Être dominicain, c'est opter pour une façon particulière de vivre l'Évangile. Dans la vie, on fait souvent des choix sans connaître les raisons qui les motivent réellement. On peut comparer cela à une relation amoureuse : pourquoi je tombe amoureux d'une personne plutôt que d'une autre ? Je suis incapable de l'expliquer, mais je sens que je pourrais être heureux avec elle. C'est la même chose pour un choix de vie. Je sens intuitivement que cette façon particulière de vivre l'Évangile me rendrait heureux. Évidemment, tout cela c'est sur la base d'une option de foi, à savoir décider de lier sa vie à l'Évangile et faire confiance. Mais une fois que ce choix est fait, qu'est-ce qui distingue l'option dominicaine de tant d'autres ? Pour une part, c'est sa dimension de prière, ce qu'on appelait autrefois la contemplation, l'accueil de la Parole de Dieu dans la prière ; d'autre part, c'est la proclamation de l'Évangile ; il y a aussi l'étude et la vie communautaire. Le bonheur d'un dominicain est constitué de l'Évangile accueilli dans la prière, annoncé à d'autres, approfondi dans l'étude, expérimenté et vécu avec d'autres.

Merci père Michel Gourgues de nous avoir livré une si précieuse réflexion sur le bonheur.

Merci et beaucoup de bonheur à vous !

Amélie
ou le b●nheur donné[1]

Jean-Guy Dubuc, communicateur

Jeune serveuse dans un bistro, Amélie vit au pied de Montmartre, à Paris. Elle porte un regard émerveillé, empreint de fraîcheur et de naïveté, sur la Vie qui l'entoure. Un jour, elle se met en tête de faire le bonheur de ceux qui sont moins aptes à le trouver dans leur quotidien. En se tournant vers ce vieux solitaire, en s'accrochant au bras de cet aveugle dans la rue, en suscitant le désir amoureux de sa collègue pour un homme, en aidant le commis méprisé à acquérir un peu d'estime de soi, Amélie s'ouvre aux gens qui tissent son quotidien; elle pose un regard généreux sur leur vie. Pourtant, son bonheur sera ébranlé au moment où elle comprendra qu'il ne suffit pas de faire quelque chose pour les autres mais qu'il est aussi essentiel de laisser les autres faire notre bonheur.

L'événement mérite qu'on y réfléchisse: le film qui, en 2001, a fait le plus parler de lui, chez nous, en Europe et ailleurs, se situe aux antipodes des grandes productions américaines. Il raconte, très simplement, l'histoire touchante d'une jeune fille qui recherche

---

1. *Le fabuleux destin d'Amélie Poulain* est un film de Jean-Pierre Jeunet, réalisé en 2000, avec Audrey Tautou et Matthieu Kassovitz.

le bonheur autour d'elle. Et chose plus surprenante encore : elle ne le trouve qu'après l'avoir versé dans le cœur des autres… Drôle de destin que celui d'Amélie Poulain qui n'a de cesse de s'émerveiller du sourire des autres. Jusqu'au jour où un grand bonheur vient remplir toute sa vie qui est prête à l'accueillir. Pour Amélie Poulain, la recherche du bonheur est une réalité qui la tire en avant, la projette vers l'autre et la fait sortir de son enfermement. Elle accepte que l'autre la soutienne, l'accompagne. Elle découvre le pouvoir d'aimer en se laissant aimer.

Comment se fait-il qu'un sujet si simple, qui ne parle que de doux bonheur, ait à ce point séduit le monde entier ? Sans doute parce que le bonheur ne laisse personne indifférent et que chacun, à sa manière, en fait la principale quête de sa vie.

Au XIIIe siècle, le théologien et philosophe Thomas d'Aquin parlait de notre désir d'être heureux comme d'une question fondamentale, comme du but ultime de la vie humaine. Mais qu'est-ce donc que le bonheur pour nous, hommes et femmes du XXIe siècle ? Un moment de paix après l'échec ? Un sentiment de valorisation au travail ? De bien-être dans notre corps ? De satisfaction dans nos relations humaines ? De sécurité financière ? Peut-être, de façon encore plus entière, plus profonde, plus envahissante, une joie de vivre qui nous convaincrait que la vie est magnifique et mérite d'être vécue ?

Il n'y a pas de réponse unique, il n'y a qu'une multitude de réponses puisque le bonheur se trouve au fond de nous et que nous sommes tous différents les uns des autres. On pourrait dire qu'être heureux, c'est correspondre à son être profond, aimer ce que l'on fait, créer sa propre vie, savoir la partager. Voilà autant de façons d'être heureux. Mais la créativité et l'accomplissement de sa vie ne suffisent peut-être pas à être pleinement heureux. Les plus grands créateurs n'atteignent souvent le bonheur que dans la mesure où leur travail les relie au monde.

> Ce qui ne suppose pas, rassurez-vous, que nous devions pour être heureux faire des actions remarquables, extraordinaires, mais seulement, ce qui est à la portée de tous, que, devenus conscients de notre solidarité vivante avec une grande chose, nous fassions grandement la moindre des choses. Ajouter un seul point, si petit soit-il, à la magnifique broderie de la Vie[2].

Mon bonheur est solidaire de celui des autres. Il se nourrit aux mêmes sources que le bonheur de mon voisin. L'événement le plus heureux s'annonce et s'exprime; on ne peut vivre de grands moments de bonheur sans le désir de les partager. De même que les moments malheureux sont davantage insupportables lorsqu'ils sont vécus dans la solitude.

Même si je suis l'artisan de mon propre bonheur, les autres contribuent à l'enrichir ou à l'appauvrir. Sur la toile blanche de ma vie, les autres — par les expériences qu'ils nous amènent à vivre et à partager — viennent ajouter les couleurs qui dessinent mon propre paysage, paysage qui se transforme et acquiert de nouvelles teintes tout au long de mon existence.

---

2. Pierre Teilhard de Chardin, *Le bonheur*, Paris, Seuil, 1966, p. 54.

Ce prolongement,
cette multiplication possible de soi-même,
qui est le bonheur...

Marcel Proust

Jamais je ne m'étais plaint de l'adversité,
jamais je ne m'étais troublé
devant les nombreux soucis qui m'assaillaient,
jusqu'au jour où je me trouvai pieds nus,
sans argent pour m'acheter des babouches.
Contrarié, j'entrai dans la mosquée de Khoufa
afin d'apaiser la douleur de mon cœur.
C'est alors que je vis un homme
qui n'avait pas de pieds.

Saadi, *Le Gulistan*

Ce que Jésus nous dit

Michel Gourgues, exégète

Si on ne trouve pas facilement le mot bonheur dans le vocabulaire de Jésus, c'est qu'il a préféré un mot qui s'attache à la personne plutôt qu'au concept: «heureux» ou «bienheureux». Il a été précis, il est entré dans les détails de la vie, il a touché ses auditeurs au fond de leur chair. Il leur a appris, de façon provocante et presque choquante, à être heureux malgré leur misère, leur malheur et leur souffrance. C'est un discours audacieux que celui qu'on a plus tard appelé, pour regrouper l'ensemble de ses conseils sous un vocable qui signifie, lui aussi, le bonheur: Les Béatitudes.

Les Béatitudes, telles que rapportées dans les Évangiles, comme d'ailleurs le Notre Père, nous parviennent sous les versions de deux auteurs: Matthieu (5, 3-12) qui en présente neuf, et Luc (6, 20-23) qui en a retenu quatre, dans une version plus abrégée et avec quelques variantes. Chacune de ces versions comporte des nuances qu'il vaut la peine d'examiner puisqu'elles enrichissent notre compréhension de la pensée de Jésus. Une lecture juxtaposée de ces deux textes nous permettra d'en saisir toute la richesse.

Vous serez heureux, disait Jésus...

Luc 6, 20-23

Heureux vous les pauvres, car
à vous est le Royaume de Dieu.

Heureux ceux qui pleurent
maintenant, car vous rirez.

Heureux les affamés maintenant,
car vous serez rassasiés.

Heureux êtes-vous quand les
hommes vous haïront et quand
ils vous chasseront et vous
insulteront et qu'ils rejetteront
votre nom comme mauvais à cause
du Fils de l'homme.

Réjouissez-vous en ce jour-là
et bondissez d'allégresse, car voici,
votre récompense est grande dans
le ciel.

Matthieu 5, 3-12

Heureux les pauvres en esprit, car à eux
est le Royaume des cieux.

Heureux les doux, car ils hériteront la terre.

Heureux les affligés, car eux seront consolés.

Heureux les affamés et assoiffés de justice,
car eux seront rassasiés.

Heureux les miséricordieux, car il leur sera
fait miséricorde.

Heureux les purs de cœur, car ils verront
Dieu.

Heureux les artisans de paix, car ils seront
appelés fils de Dieu.

Heureux les persécutés à cause de la justice,
car à eux est le Royaume des cieux.

Heureux êtes-vous quand on vous insultera
et qu'on vous persécutera et qu'on dira
faussement contre vous toute sorte de mal
à cause de moi.

Soyez dans la joie et l'allégresse, car votre
récompense est grande dans les cieux.

Le bonheur pour les démunis (Luc 6, 20-23)

Il est maintes fois question des pauvres dans l'évangile de Luc et, à chaque fois, cette désignation est à comprendre au sens premier et matériel du terme. Il en est même dans la première béatitude. Celle des affamés ne fait que reprendre la béatitude des pauvres sous un angle légèrement différent. Les affamés, comme les pauvres, sont matériellement défavorisés. Les gens qui pleurent, les affligés, désignent, de façon plus générale, tous ceux à qui la vie impose, comme aux pauvres et aux affamés, une expérience pénible de souffrance et d'indigence. De telles expériences ne sont pas propres aux croyants, de sorte que les béatitudes des pauvres, des affamés et des affligés s'adressent à quiconque s'y trouve plongé. Elles se distinguent en cela de la béatitude des persécutés qui ne peut concerner que des disciples, persécutés à cause du Fils de l'homme.

Voilà donc le paradoxe. Jésus s'adresse à des gens qu'il connaît; il sait que leur situation les écarte du bonheur qu'ils désirent pourtant de tout leur être. Et il leur dit qu'ils peuvent être heureux… malgré tout !

Afin de bien comprendre le sens de chaque conseil, de chaque souhait, de chaque proposition qu'il leur fait, il ne faut pas lier le bonheur à la première partie de la recommandation mais bien à la seconde! Si les pauvres sont heureux, ce n'est pas parce qu'ils sont pauvres — puisque la pauvreté est un mal en soi —, mais plutôt parce qu'ils ont droit de participer au Royaume de Dieu. Si les affamés sont heureux, ce n'est pas parce qu'ils ont faim — Jésus lui-même les a nourris —, mais parce qu'ils seront rassasiés d'un autre pain, plus nourrissant que tout autre. Et ceux qui pleurent: ils recevront une consolation plus grande que celle qu'ils pouvaient espérer…

Pour Luc, le bonheur proclamé par les Béatitudes s'enracine dans les dispositions de Dieu. Si les pauvres sont heureux, ce n'est pas parce qu'ils sont plus ouverts ou mieux disposés à l'égard de Dieu, mais parce que Dieu en fait les **destinataires privilégiés** de son Salut. Dieu n'exclut personne; s'il favorise quelqu'un, ce sont plutôt les défavorisés que l'on a toujours tendance à exclure du bonheur.

Une bonne nouvelle est ainsi annoncée aux pauvres. Dès maintenant, ils sont objet d'une faveur particulière de la part de Dieu: **Le Royaume de Dieu est à vous.**

Dans le cas des affamés et des affligés, la bonne nouvelle se rapporte au futur: «Vous serez rassasiés, vous rirez.» Dieu n'abandonnera pas ceux à qui il offre sa faveur; il leur sera **fidèle** jusqu'au bout, par delà la mort.

Dieu offre un bonheur à tous, et en premier lieu aux défavorisés. Ce bonheur ne saurait satisfaire à moitié: qui l'accueille sera comblé.

La pauvreté est un mal

Malgré ce qu'on a pu en dire en christianisme, il n'y a pas d'idéal de pauvreté. La pauvreté est un mal contre lequel il faut lutter. Il ne peut y avoir qu'un idéal d'amour.

On s'est parfois appuyé sur la description idéalisée de la communauté primitive, dans les Actes des Apôtres, pour y voir une «Église des pauvres». Est-ce si sûr? La communauté des biens y est présentée comme un idéal: «Tous les croyants ensemble avaient tout en commun» (2, 44), «entre eux tout était commun» (4, 32). Dans sa description de l'Église de Jérusalem, Luc semble s'inspirer du thème grec de l'amitié; il cherche à faire voir à ses lecteurs que l'union des premiers chrétiens réalisait merveilleusement l'idéal de l'amitié qui leur est familier. D'après cet idéal, des amis mettent tous leurs biens en commun: non pas au sens que chacun renoncerait à ce qu'il possède, mais en ce qu'on met tous ses biens à la disposition de son ami. Il est clair que cet idéal d'une amitié authentique nous oriente, non pas vers un idéal de pauvreté, mais vers un idéal dont le nom chrétien est la charité.

La remarque d'Acte 4, 34 ouvre une autre piste. «Il n'y avait pas d'indigent parmi eux.» C'est une allusion à Deutéronome 15, 4: «Qu'il n'y ait pas d'indigent parmi toi, car Yahvé ne te bénira […] que si tu écoutes sa voix.» Le targum palestinien explicitait: «Si vous vous appliquez aux préceptes de la Loi, il n'y aura pas d'indigent parmi vous, parce que Dieu vous bénira.» Si l'on met ses biens en commun, ce n'est donc pas pour se rendre pauvre; l'idéal poursuivi est celui de la charité, d'un amour vrai pour les pauvres.

Cette communauté de biens n'est d'ailleurs que l'expression d'une communion plus profonde : « La multitude des croyants n'avait qu'un cœur et qu'une âme. » (4, 32) La mise des biens en commun n'est qu'une conséquence de la conscience qu'on a de former ensemble une seule communauté, un corps dans lequel chacun se sait **solidaire** de tous.

L'idéal proposé par Luc n'est ni de pauvreté, ni de détachement, mais plus simplement et plus profondément un **idéal de charité** fraternelle. Il se traduit non en amour de la pauvreté, mais en amour des pauvres ; il pousse, non à se rendre pauvre, mais à veiller à ce que personne ne soit dans le besoin.

La pauvreté dont parlent les béatitudes ne se présente pas du tout comme un idéal proposé aux chrétiens. Elle constitue plutôt une situation qui révolte Dieu et porte atteinte à son honneur. Il ne peut y avoir qu'un **idéal d'amour** qui conduira sans doute à s'appauvrir pour partager avec ceux qui sont dans le besoin afin qu'ils ne soient plus pauvres. Le seul idéal, le seul « vœu » religieux possible, c'est celui de l'amour.

Jacques Dupont, « La pauvreté évangélique dans les Évangiles et les Actes »,
dans *La pauvreté évangélique*, Paris, Cerf, coll. « Lire la Bible », 1971, p. 37-63.

35

Targum : Traductions araméennes de la Bible écrite en hébreu. Après l'Exil, au VIe siècle av. J.-C., l'araméen devient la langue vernaculaire alors que l'hébreu devient une langue savante comprise des seuls lettrés. On prit donc l'habitude d'accompagner de commentaires en araméen la lecture de la Bible à la synagogue.

Le bonheur pour les pauvres devant Dieu (Mt 5, 3-12)

Chez Matthieu, les béatitudes font référence à des attitudes qui représentent des options de vie; elles proposent un idéal de vie et appellent à une certaine exigence, à une certaine qualité des dispositions humaines.

Le bonheur dans la relation à Dieu

Heureux les pauvres en esprit, car à eux est le Royaume des cieux

Heureux les affamés et assoiffés de justice, car eux seront rassasiés

Heureux les purs de cœur, car ils verront Dieu

Le bonheur dans la relation aux autres

Heureux les doux, car ils hériteront la terre

Heureux les miséricordieux, car il leur sera fait miséricorde

Heureux les artisans de paix, car ils seront appelés fils de Dieu

Contrairement à Luc qui emploie exclusivement le mot «pauvre», la première béatitude chez Matthieu fait référence aux pauvres en esprit ou, littéralement, «par l'esprit». Employée ailleurs, dans l'Ancien comme dans le Nouveau Testament, cette formulation sert à opérer un transfert en faisant passer d'une condition de vie extérieure, une qualité d'ordre matériel (condition socio-économique), à une attitude intérieure et spirituelle. Laquelle? Une pauvreté spirituelle, une pauvreté intérieure.

Sans employer l'expression «par l'esprit», l'Ancien Testament aborde la question de la **pauvreté intérieure.** Les psaumes notamment contiennent maintes fois l'aveu «je suis pauvre» et, le plus souvent, le contexte démontre que cela n'a rien à voir avec des considérations d'ordre économique.

La **pauvreté spirituelle**, dans la Bible, est constituée de deux composantes. La première est la conscience d'un manque, d'un vide, d'une forme de misère ou de pauvreté d'ordre moral, psychologique ou spirituel: «je suis pauvre et pécheur», «pauvre et malade», «pauvre et malheureux», «pauvre et angoissé», «pauvre et incompris»… Jusqu'ici, tout se résume à une question de lucidité et de conscience de ses limites. Mais ce qui, dans la Bible, constitue en propre la pauvreté spirituelle est que cette conscience d'un vide tourne vers Dieu. Si bien que le cri: «Je suis pauvre» mène le plus souvent à l'invocation: «Viens à mon aide.» La pauvreté en esprit s'identifiera à une **ouverture** à Dieu. «Tu nous a fait pour toi et notre cœur sera sans repos tant qu'il ne se reposera en toi», disait saint Augustin. C'est la définition même du bonheur pour les croyants. Dieu a mis en l'être

humain un désir, une aspiration plus profonde qui ne sera jamais comblée par ce que l'être humain pourra se procurer lui-même.

Faire une place à Dieu, proclame la première béatitude, constitue la condition première du bonheur. Une aspiration à un plus que je ne puis me procurer moi-même, une ouverture à Dieu à partir d'une lucidité sur soi. Une soif d'absolu, dirait la philosophie, à partir de l'expérience du relatif et du sens de la finitude.

Il est maintes fois question de justice chez Matthieu; cela n'y désigne pas seulement le respect du bien des autres mais, de façon plus large, la communion existentielle au vouloir de Dieu, au jour le jour.

Heureux les affamés et assoiffés de justice

«Voir Dieu», dans l'Ancien Testament, signifie souvent se rendre au Temple. Une telle démarche impliquait ses exigences de pureté (se laver les mains, s'abstenir de manger certaines viandes, etc.). Progressivement, les prophètes et certains psaumes en vinrent à dénoncer une simple pureté rituelle permettant de s'approcher de Dieu sans être en règle avec son prochain: «Qu'ai-je à faire de tes sacrifices, alors que tu t'assieds et médis de ton frère?» La pureté nécessaire pour se rapprocher de Dieu en arriva à être conçue d'abord comme une pureté du cœur, consistant principalement dans une relation bienveillante avec son prochain.

Heureux les purs de cœur

Il existe entre ces trois béatitudes des niveaux croissants de profondeur. La pauvreté en esprit est l'attitude fondamentale qui permet d'entrer en relation avec Dieu; la faim de justice permet de le demeurer; la pureté du cœur, enfin, permet de voir Dieu. Entrer en relation avec Dieu, rester en relation avec Dieu, parvenir à la plénitude de la communion à Dieu, tout cela conditionné par la relation au prochain. Ces trois béatitudes nous amènent aux attitudes qui concernent la douceur, la miséricorde et la paix, puisqu'elles parlent toutes trois de relation aux autres.

Heureux les doux

Chez Matthieu, la douceur se définit en fonction du prochain. Le doux n'agresse pas les autres, à la manière de Jésus qui se révèle doux et humble de cœur (Mt 11, 9). De même, lorsque Jésus entre à Jérusalem monté sur un ânon, Matthieu (Mt 21, 5) reconnaît le roi annoncé jadis par le prophète Zacharie et dont la douceur devait contraster avec la violence d'un roi guerrier. Le doux n'attaque pas les autres.

Heureux les miséricordieux

Le miséricordieux de la cinquième béatitude va plus loin. Attaqué, il ne riposte pas sur le même ton. Le doux n'agit pas avec violence, le miséricordieux ne réagit pas avec violence; il est capable d'éprouver de la pitié, de remettre une dette, de pardonner.

Heureux les artisans de paix

Les «faiseurs» de paix dont parle la septième béatitude trouveront leur bonheur à être appelés fils de Dieu. Le Sermon sur la montagne précisera comment les croyants pourront se manifester véritablement enfants de Dieu : «Aimez vos ennemis, priez pour ceux qui vous persécutent, afin de devenir fils de votre Père qui est aux cieux, lui qui fait lever son soleil sur les méchants et sur les bons.» (Mt 5, 44)

Ne peut rien pour le bonheur d'autrui
celui qui ne sait être heureux lui-même.

André Gide

Le bonheur se construit dans le partage.
Je ne peux devenir moi-même
que s'il y a un autre.

Boris Cyrulnik

L'ouverture sur la vie

Tu veux être heureux?

- Fais une place à Dieu, ouvre ta vie par le haut, répondent les «béatitudes de la relation à Dieu»:
  - Prends au sérieux la soif d'absolu qui t'habite.
  - Laisse tes priorités se conformer petit à petit à celles de Dieu.
  - Que ta vie aspire à la communion avec Lui.

- Fais une place aux autres, ouvre ta vie par le côté, répondent les «béatitudes de la relation aux autres»:
  - Sois doux: écarte l'agressivité et la colère de ta vie.
  - Sois miséricordieux: pardonne, ne rends pas le mal pour le mal.
  - Deviens «faiseur» de paix: parviens à aimer ton ennemi.
  - Fais confiance à ces voies exigeantes et les moins fréquentées, tu trouveras le bonheur!

Réaliste? Oui puisque l'expérience de la finitude et celle de la fragilité des relations humaines font nécessairement partie de la vie.

Accessible? Pour le croire, il faut se souvenir des béatitudes de Luc qui proclament la prévenance du Seigneur, c'est-à-dire une manière bienveillante de prévoir les besoins de ceux et celles qu'il aime.

Créer son bonheur

Pour apprendre à goûter le bonheur, j'aimerais bien…

– Connaître les désirs qui m'animent.

– Identifier les besoins qui me motivent.

– Respecter ce que je suis au plus profond de mon être.

Parce que le bonheur…

– N'est pas circonstances fortuites mais qualité d'être durable.

Et le bonheur jaillira de ma vie si…

– J'accepte les limites imposées par l'extérieur.

– Je profite des joies, grandes ou petites, du moment présent.

– Je me passionne pour ce que je fais.

– Je deviens l'artisan de ma propre vie.

– Je lui donne son sens le plus noble.

Charles Péguy va en pèlerinage à Chartres. Il voit un homme fatigué, en sueur, qui casse des cailloux. Il s'approche de lui :

Qu'est-ce que vous faites, monsieur ?

— Vous voyez bien, je casse les cailloux ; c'est dur, j'ai mal au dos, j'ai soif, j'ai chaud. Je fais un sous-métier, je suis un sous-homme.

Il continue et aperçoit un autre homme qui casse les cailloux et qui semble plutôt bien se porter.

Monsieur, qu'est-ce que vous faites ?

— Eh bien, je gagne ma vie. Je casse des cailloux, je n'ai pas trouvé d'autre métier pour nourrir ma famille ; je suis bien content d'avoir celui-là. »

Péguy poursuit son chemin et s'approche d'un troisième casseur de cailloux, souriant, radieux :

— Moi, monsieur, dit-il, je bâtis une cathédrale…

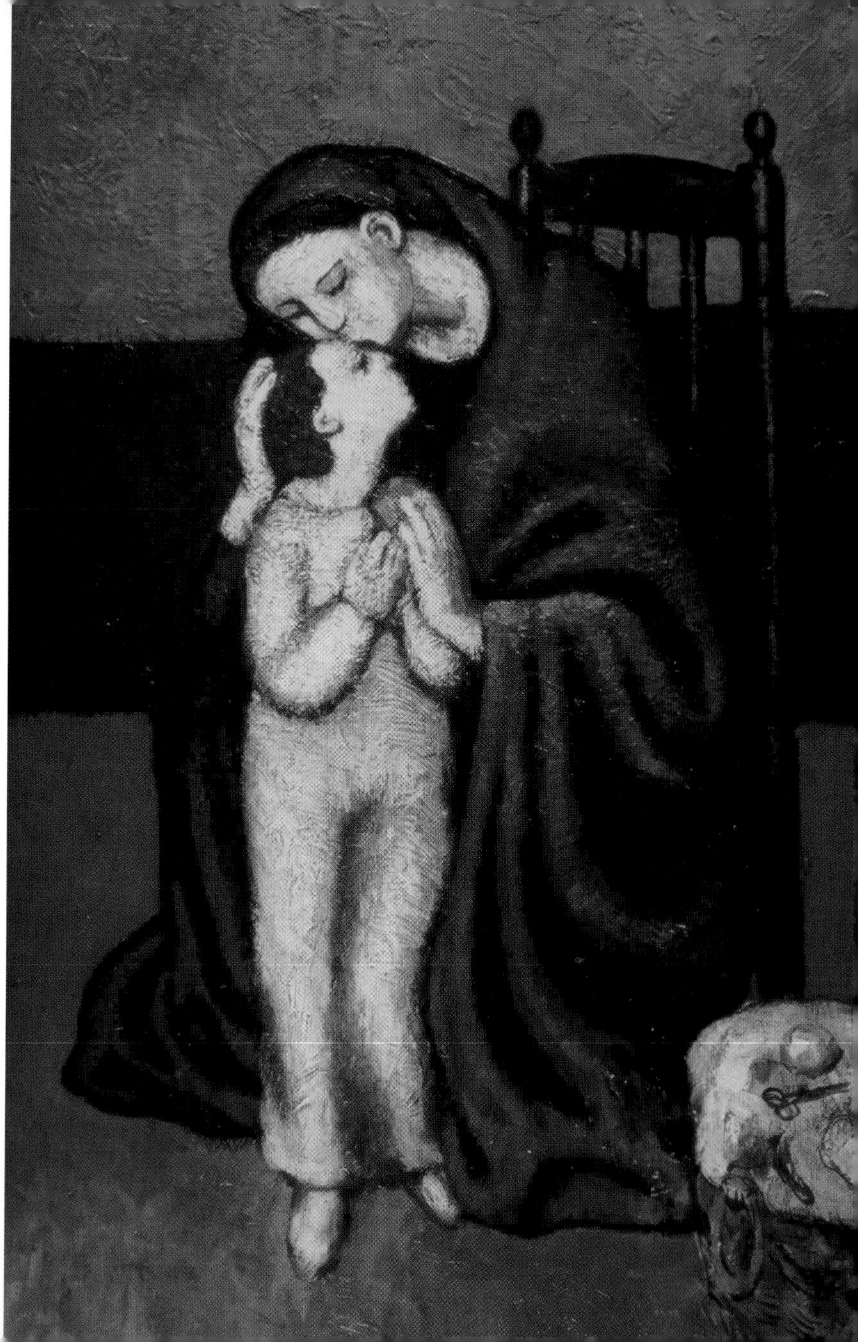

Partager son bonheur

Mon bonheur ne saurait se vivre dans l'isolement.

Il se partage avec mes proches…

– Parce que ceux qui partagent ma vie se partagent mon cœur.

– Parce que ceux qui me donnent la vie reçoivent aussi la mienne.

– Parce que mon prochain est d'abord le plus proche de moi.

Il donne du souffle à mon engagement professionnel…

– Parce que j'y vis intensément chaque jour.

– Parce que j'y construis le monde.

– Parce que j'y côtoie une partie du monde.

Il contribue à l'épanouissement de la société…

– Parce qu'il me rend responsable du bonheur des autres.

– Parce qu'il me rapproche de ceux qui souffrent encore.

– Parce qu'il me donne le goût de lutter pour le rendre accessible à mes frères et sœurs.

Le bonheur est une ressource renouvelable : en le partageant, je bâtis des serres pour ceux et celles qui n'ont ni rose ni champ.

Bonheur ! Bonheur !

Sept lettres. Un tout petit mot, mais quelle réalité !

Il en est du bonheur comme d'une fleur que j'ai semée quelque part dans mon jardin, à la maison: la fleur germe, elle grandit, elle prend de l'espace. Mais il faut en prendre soin.

Le bonheur n'arrive qu'à la fin. Comme la fleur sur sa tige.

Pour aider le bonheur à germer, il convient de toute évidence de l'accueillir. C'est-à-dire ? Se connaître et le plus tôt possible, l'inventer au jour le jour.

Le bonheur est une conquête.

Le bonheur est quotidien; il est dans les petites choses, dans les gestes les plus ordinaires, les plus simples.

Il arrive du travail; les enfants sont tout près. Ils préparent ensemble la table. Le bonheur n'est pas loin.

Le bonheur est possession d'un bien durable. Possession, don et partage. Un grand prophète l'a proclamé: «Il y a plus de bonheur à donner qu'à recevoir.» «Il n'y a pas de plus grand bonheur que de donner sa vie à celui, à celle, à ceux qu'on aime.»

C'est que le bonheur ne voyage pas seul. Bonheur non partagé est bonheur en danger. Le vrai bonheur, je le goûte en le partageant, en le disant.

Il y a des bonheurs difficiles. Qui ne viennent pas tout seuls. Qui sont menacés en cours de route.

Pour que la fleur naisse et pousse, il faut du soleil, bien sûr, mais aussi des nuits, de la pluie, voire du vent, des orages. De même qu'un arbre n'est vraiment durable que s'il a été quelquefois secoué par le vent.

Il faut du temps à la fleur. Il en faut davantage au bonheur. Ne sont vraiment heureux que ceux et celles qui se donnent du temps, beaucoup de temps à faire confiance, à aimer, à pardonner, à partager, à ré-aimer, à re-pardonner.

Faut-il attendre le bonheur comme on attend que la rose fleurisse pour la cueillir ?

Bien sûr. Attendre est une autre condition des bonheurs humains. Attendre appelle le désir; le désir du bonheur appelle l'espoir, l'espoir attend l'avenir.

Les autres peuvent aussi nous aider à cueillir un jour la fleur du bonheur. Accueillir, attendre, partager sont des mots frères du bonheur.

Mais par-dessus tout, Aimer est à la fois la racine et la fleur du Bonheur.

Benoît Lacroix, dominicain

Élargir son bonheur

Tu nous as faits pour Toi
et notre cœur sera sans repos
tant qu'il ne se reposera en Toi.

Saint Augustin

Parce qu'il y aura toujours dans le cœur humain un espace que rien apparemment ne peut combler, le bonheur jaillira peut-être si…

– J'apprends à aimer, à apprécier le temps qui m'est donné, à en respirer les moindre replis.

– Je m'émerveille devant la beauté du monde.

– Je porte sur les visages de mes rencontres un regard bienveillant, à la manière du Créateur.

– Je crois fermement en ma valeur parce que je me sais aimé de Dieu : *tu comptes beaucoup pour moi, tu as du prix à mes yeux et je t'aime.*

Le grand défi, n'est-ce pas d'être conscient du bonheur que l'on veut vivre – même les jours où l'on se sent pauvre, affamé, méprisé –, pour éviter de dire, à la fin de notre séjour sur terre, le triste mot de Colette.

Quelle vie merveilleuse j'ai eue !
J'aurais seulement souhaité
m'en apercevoir plus tôt.

Colette

Pour aller plus loin

Et si, pour être heureux, il suffisait de le vouloir intensément…

- Je peux relire un texte qui m'a frappé et me demander:
  - Dans quelles situations ai-je ressenti des moments de bonheur?
  - Dans quelles autres situations ai-je cru l'avoir perdu?
  - Qu'est-ce qui a nui à mon bonheur?

- Je peux échanger avec une personne de confiance sur ce qu'un texte ou l'autre m'inspire:
  - Qu'est-ce que le bonheur?
  - Comment, dans ma situation actuelle, puis-je être heureux et rendre les autres heureux?
  - Est-ce que les Béatitudes pourraient inspirer ma vie?
  - Est-il possible d'être heureux en se fermant les yeux sur le malheur des autres?
  - Comment se laisser toucher par le bonheur de personnes ou de peuples qui le recherchent?

Parlons-en !
Pour un échange en groupe

Vous aimeriez peut-être former un groupe pour avoir l'occasion d'approfondir votre réflexion et de la partager avec d'autres? Vous faites déjà partie d'un groupe de Bible et de partage de foi? La collection HORIZONS vous donne quelques suggestions que vous pourrez adapter aux intérêts de votre groupe, à son fonctionnement et à son style.

1. Regard sur mon bonheur

– Au début de la rencontre, chacun est appelé à réfléchir sur ce qui constitue son bonheur en complétant le tableau suivant:

Je suis heureux quand...	Le bonheur, c'est...
Je suis malheureux quand...	Le malheur, c'est...

– L'animateur du groupe invite ensuite les participants à répondre, en équipe de deux ou trois, aux questions suivantes:
Quels sont les obstacles à votre bonheur?
Y a-t-il des ressemblances dans vos réponses?

2. Regards sur le bonheur

Réflexion d'un théologien

– L'animateur s'adresse au groupe en lui posant la question suivante: *Le bonheur étant le but ultime de toute vie humaine, le christianisme a-t-il quelque chose d'original à dire sur ce sujet proprement humain ?*

– Après avoir écouté les commentaires de ceux et celles qui ont voulu prendre la parole, l'animateur souligne que l'Évangile s'ouvre sur des propositions de bonheur: «Heureux… Heureux… Heureux…»

– L'animateur suggère l'audition de la deuxième partie de l'émission radiophonique sur le bonheur avec Michel Gourgues concernant les Béatitudes (plages 5, 6 et 7), ou encore il fait une présentation du texte des Béatitudes à l'aide des pages 28 à 40.

– Si le groupe le désire, les membres sont invités à partager leurs réflexions à la suite de l'audition du CD ou de la présentation de l'animateur.

Réflexions du poète – Moment d'intériorisation

– L'animateur propose la lecture d'un ou des textes du document: celui de Charles Péguy (p. 45), de Benoît Lacroix (p. 48) ou celui intitulé *Élargir son bonheur* (p. 50).

– L'animateur invite à un moment de silence et fait la lecture du texte de la page 56.

– La lecture pourrait très bien être accompagnée d'une musique d'ambiance.

Je serai heureux...

Je serai heureux dans la mesure où j'accepterai mes limites et réserverai un espace pour Dieu dans ma vie: *Heureux ceux qui ont une âme de pauvre, car le Royaume des Cieux est à eux.*

Je serai heureux dans la mesure où j'essaierai de conformer ma vie à la volonté de Dieu, c'est-à-dire que je répondrai, de façon qui m'est personnelle, à la mission que la vie cherche à me signifier: *Heureux les affamés et les assoiffés de la justice, car ils seront rassasiés.*

Je serai heureux dans la mesure où je n'oublierai pas que ma qualité de relation à Dieu dépend de ma qualité de relation aux autres: *Heureux les cœurs purs, car ils verront Dieu.*

Je serai heureux dans la mesure où je serai non-violent à l'égard des autres: *Heureux les doux, car ils possèderont la terre.*

Je serai heureux dans la mesure où je ne riposterai pas sur le même ton que mes adversaires: *Heureux les miséricordieux, car ils obtiendront miséricorde .*

Je serai heureux dans la mesure où je serai bienveillant à l'égard des autres, y compris mes ennemis: *Heureux les artisans de paix, car ils seront appelés fils de Dieu.*

Et si, un jour, la mort d'un proche ou les exigences découlant de ma foi devaient me faire souffrir, je devrai me rappeler que le Dieu auquel je crois est un Dieu d'espérance et de vie: *Heureux les affligés, car ils seront consolés; Heureux les persécutés pour la justice, car le Royaume des Cieux est à eux; Heureux êtes-vous quand on vous insultera, qu'on vous persécutera, et qu'on dira faussement contre vous toute sorte d'infamie à cause de moi. Soyez dans la joie et l'allégresse, car votre récompense sera grande dans les cieux…*

3. Engagement personnel ou communautaire

– L'animateur propose que chacun fasse une démarche concrète afin de donner des mains à la réflexion. Il fait la lecture des textes intitulés *Créer son bonheur* (p. 44) et *Partager son bonheur* (p. 47). Il suggère aux participants de tracer un «programme d'action personnel» pour faire de la place au bonheur dans leur vie.

– L'animateur invite les participants à échanger sur ce «programme d'action personnel». Sensible au fait que le bonheur ne peut se réaliser en faisant abstraction de celui des autres, le groupe pourrait tracer un «programme d'action communautaire» qu'il mettrait sur pied pour contribuer à l'épanouissement de la société.

Bibliographie

André Brien, *Le Maître du bonheur,* Paris, Le Centurion, 1974.

Pascal Bruckner, *L'Euphorie perpétuelle. Essai sur le devoir de bonheur*, Paris, Grasset, 2000.

Dalaï-Lama, *L'Art du bonheur,* Paris, Robert Laffont, 1999.

Michel Gourgues, *Foi, bonheur et sens de la vie. Relire aujourd'hui les Béatitudes*, Montréal, Médiaspaul, 1995.

Pierre Prud'homme, *Un Dieu pour le bonheur,* Montréal, Éd. Carte Blanche, 2001.

Pierre Teilhard de Chardin, *Le bonheur*, Paris, Seuil, 1966.

Visages du bonheur

CD d'accompagnement

60

AGMV Marquis

MEMBRE DE SCABRINI MEDIA

Quebec, Canada
2003